QUÍTATE DE TU PROPIO CAMINO

QUÍTATE DE TU PROPIO CAMINO

el desafío del tarot de 31 días

para escritores/as y creativos/as

Mariëlle S. Smith

ISBN 978 94 93250 15 4

Veo mi camino, pero no sé hacia dónde conduce. No saber hacia dónde voy es lo que me inspira a recorrer el camino.

Rosalía de Castro

INTRODUCCIÓN

¡Bienvenido/a a *Quítate de tu propio camino*, el desafío de tarot de 31 días para que escritores/as y otros perfiles creativos (re)conecten con su intuición y descubran su musa inspiradora!

Quítate de tu propio camino es para todo/a emprendedor/a creativo/a que esté listo/a para (re)conectar con su intuición y aprender más sobre sus procesos y obstáculos creativos para así descubrir cómo crear lo que su alma les pide en estos momentos.

¿Cómo funciona?

Cada día se ofrece una tirada de tarot específica. Algunos días es una pregunta que solo se responde con una sola carta, otros días la pregunta tiene varias capas o bien precisa de más cartas para ser respondida. Habrá momentos en que sientas la necesidad de sacar más cartas de las que aparecen indicadas en la pregunta, en estos casos, siempre sigue tu intuición

El desafío tendrá mejores resultados si anota sus conclusiones e interpretaciones y los mantiene cerca de usted mientras responde a las diferentes preguntas. Los días se complementan unos a otros y le requerirán volver a repasar tiradas pasadas. Algunas cartas pueden incluso aparecer varias veces en las diferentes tiradas; reflexionar sobre tiradas anteriores le ayudará a destapar las diferentes capas y profundizar aún más en sus lecturas.

A pesar de haber creado este desafío con mi baraja de tarot favorita en mente, no existe razón alguna para no utilizar cualquier otro medio adivinatorio para completar el desafío. Elija su baraja de oráculo o de tarot de los ángeles favorita, o bien emplee cristales o runas. Sea cual sea el método que funcione con usted, utilícelo. Si desea combinar diferentes métodos de adivinación durante el desafío, no hay ningún problema. Ante todo, este desafío es suyo.

DÍA 1

¿Qué creencias mantengo actualmente sobre mi creatividad?

Saque una o más cartas para responder esta pregunta. Sabrá intuitivamente cuándo ha sacado suficientes cartas.

DÍA 2

Por cada creencia que descubra, saque una carta.
¿De dónde proviene esta creencia?

DÍA 3

¿Cuál de estas creencias ya no me sirve?

Para cada una de ellas, saque una carta y pregúntese "¿Por qué me aferro a esta convicción?"

DÍA 4

Por cada creencia que ya no le sirva, saque una carta y pregúntese "¿qué ganaré si abandono esta creencia?"

DÍA 5

Tomando (la carta 1) en consideración, abandono esta creencia (reflejada en la carta 2) para conseguir (los objetivos representados en la carta 3).

DÍA 6

¿Cuál es mi mayor obstáculo en este momento relacionado
con mi proceso creativo?

DÍA 7

¿Qué aspecto(s) de este obstáculo no estoy siendo capaz de percibir?

DÍA 8

¿Qué está tratando de enseñarme este obstáculo?

DÍA 9

¿Qué necesito abandonar para superar este obstáculo?

DÍA 10

Cuando se trata de mi creatividad, ¿cuál es mi mayor fortaleza?

Siéntase libre de sacar más cartas en caso necesario.

DÍA 11

¿Cómo puedo usar mi(s) fortaleza(s) para superar este obstáculo?

DÍA 12

¿Cuál es mi mayor debilidad a nivel creativo?

Si siente la necesidad de consultar más cartas, saque un
máximo de tres.

DÍA 13

¿De qué manera está(n) afectando mi(s) debilidad(es) a mi proceso creativo?

DÍA 14

¿Cómo puedo convertir esta(s) debilidad(es) en fortaleza(s)?

DÍA 15

¿Cómo pueden mis fortalezas ayudarme a ser más responsable con mi proceso creativo?

DÍA 16

¿Qué me pide crear mi alma ahora mismo?

DÍA 17

¿Qué necesito saber sobre este deseo?

DÍA 18

¿Qué creencias limitantes tengo sobre este proyecto en concreto?

DÍA 19

¿Qué me impide dedicarme en cuerpo y alma a este proyecto?

Saque tantas cartas como sea necesario para determinar qué es lo que le está bloqueando.

DÍA 20

Por cada obstáculo que descubra, saque una carta: ¿qué no
estoy siendo capaz de ver en este obstáculo?

DÍA 21

Por cada obstáculo que descubra, saque una carta: ¿qué está tratando de enseñarme este obstáculo?

DÍA 22

Por cada obstáculo que descubra, saque una carta: ¿qué
debo dejar atrás para superar o evitar este obstáculo?

DÍA 23

Mi mayor debilidad en relación a este proyecto es (carta 1) y
esta debilidad (carta 2) representa otro aspecto que podría
abocar mi proyecto al fracaso.

DÍA 24

¿Cómo puedo convertir esta debilidad en una fortaleza?

DÍA 25

Mi mayor fortaleza en relación con este proyecto es (carta 1) y
la emplearé de esta manera (carta 2) para superar o sortear
estos obstáculos.

DÍA 26

¿Cómo puede esta fortaleza ayudarme a rendir cuentas
conmigo mismo/a?

DÍA 27

Saque una o más cartas y pregúntese "¿cómo beneficiará este proyecto a mi alma?"

DÍA 28

Saque una o más cartas y pregúntese "¿cómo beneficiará
este proyecto a las almas de los/las demás?"

DÍA 29

Me comprometo con este proyecto porque (carta 1).
Me aseguraré de que (carta 2) me ayude a rendir cuentas
conmigo mismo/a.

DÍA 30

Cuando me ponga la zancadilla a mí mismo/a, haré (lo que ponga en la carta 1) para poder (hacer lo que ponga en la carta 2).

DÍA 31

A partir de hoy, esto es lo que recordaré sobre mi creatividad
y proceso creativo.

POR FAVOR, NO OLVIDES DEJAR TU VALORACIÓN

Los/las autores/as no llegan a ninguna parte sin valoraciones sinceras y honestas. Apreciaría muchísimo que pudieras dejar tu valoración en Goodreads, mi página de Facebook, o bien la librería donde compraste este libro.

THE CREATIVE CARDSLINGERS

¿TE APETECERÍA LEER CARTAS EN GRUPO?

Únete a mi grupo privado de Facebook "The Creative Cardslingers" (contraseña: **TIGER'S EYE**) para conocer a otros tiradores de cartas creativos, ser el primero en probar mis últimas tiradas, y descubrir todo acerca de los proyectos creativos en los que estoy trabajando ahora mismo. El idioma oficial del grupo es el inglés.

ACERCA DE LA AUTORA

Ofrezco servicios de coaching para escritores/as y otros perfiles creativos. Además soy editora, escritora, sanadora intuitiva y organizadora de retiros personalizados. Nací y me crié en los Países Bajos junto a mi madre holandesa y mi padre escocés expatriado, y en febrero de 2019 me mudé a la isla de Chipre, donde resido actualmente.

Lo más interesante de vivir en un lugar nuevo es que la experiencia te aporta una nueva visión de la vida y el mundo que te rodea. La mente se abre a otras perspectivas y es común hallarse a uno/a mismo/a gestando ideas nuevas así como valorando e interesándonos por ideas que en el pasado nunca llegamos a tomar en serio.

Introducir la espiritualidad en mi trabajo fue un paso aterrador, porque siempre he tratado de mantenerlos en esferas separadas. Digo 'tratado' porque muchos de mis clientes, con sus peticiones, me han obligado a integrar mi experiencia profesional con mis intereses espirituales. Algunos me contrataron para editar o traducir libros sobre temas holísticos, otros acudieron a mí para obtener mentoría y sus casuísticas precisaban una aproximación más amplia. Por otro lado, no podemos dejar de mencionar a aquellos/as escritores/as y creativos/as que ya incorporan la espiritualidad a su práctica habitual.

Durante el año pasado, he ido cambiando mi forma de trabajar, permitiendo que la espiritualidad accediera a mi espacio de trabajo. Este ejemplar es una de sus muchas manifestaciones. Espero que lo disfrutes y obtengas de él todo lo que buscas.

Existen diferentes maneras de contactar conmigo:

Website: mswordsmith.nl
E-mail: marielle@mswordsmith.nl
instagram.com/mariellessmith
facebook.com/mswordsmith

AGRADECIMIENTOS

a ANDRI por hacer esto conmigo

a YIOTA por ayudar con las imágenes

a KAT por aceptar aparecer en varias fotos

a mis SEGUIDORES por su apoyo, especialmente a
aquellos que participaron en el desafío original